Adalbert Ludwig Balling

Segnen bringt Segen

GUTES WÜNSCHEN MACHT HEIL AN LEIB UND SEELE

MISSIONSVERLAG MARIANNHILL
WÜRZBURG
D-8861 REIMLINGEN

Für eine Großmutter, deren segnende Hände und Augen
unendlich viel Gutes bewirk(t)en;
deren Herz niemals müde ist zu segnen;
deren Gebete nichts anderes sind als Segenswünsche.

5. Auflage 1990

ISBN 3-922267-40-8

Missionsverlag Mariannhill Würzburg, Hauptstraße 1, 8861 Reimlingen. Druck Missonsdruckerei Mariannhill, Haupstraße 1, 8861 Reimlingen. Umschlaggestaltung: Alexander Ultsch/Köln. Fotos: Alexander Ultsch/Adalbert Ludwig Balling. 1. Umschlagseite: Aquarell, Antonio Thurnher.

»Mache deine
Wohnräume
zu einem Ort,
an dem andere
immer willkommen sind,
zu einem Haus
des Friedens
und des Segens
und des gegenseitigen
Verzeihens.«
(Roger Schutz, Taize)

* * *

»Ich glaube an die
Kraft der Gedanken
mehr als an die Kraft
des geschriebenen
oder gesprochenen
Wortes.«
(Mahatma Gandhi)

»Man muß das Brauchtum wieder brauchbar machen«

Heute können die meisten Menschen – in fast allen Ländern der Welt – lesen und schreiben. Und doch, schaut man sich auf den internationalen Flughäfen und Touristenzentren um: die Zeichensprache ist wieder im Kommen. Allenthalben einfache, einprägsame, leichtverständliche Piktogramme, grafische Darstellungen, die (ohne Worte) Hinweise geben: auf Toiletten, Eßräume, Raucher-Nichtraucherabteile usw.
Die Zeichensprache ist wieder modern, bemerkte vor kurzem ein Theologe, als er über alte Bräuche sprach. Alles, was mit dem religiösen Brauchtum zu tun habe, sei zeichen-haft. Auch das Segnen von Gegenständen und Lebewesen sei Zeichen-Setzung. Es gebe Orte/Städte, wo religiöse Zeichen besonders hoch »gehandelt« würden, etwa in Oberammergau, oder bei den Karfreitagsprozessionen in Mendrisio bzw. den Fronleichnamsumzügen in Appenzell, Toledo, Burgos, Sevilla und Granada.
Leider, so der Schweizer Volkskundler Walter Heim, leider begegne man heute religiösen Bräuchen und Traditionen oft mit großem Vorbehalt; das »Volkstümliche« werde als falsch verstandene Religiosität belächelt. In Wirklichkeit könne keine Religion ganz ohne Zeichen, Bräuche, Rituale auskommen, wolle sie den ganzen Menschen ansprechen. Der Mensch sei nicht nur Verstandeswesen; er habe auch ein Gemüt, ein Herz. »Für ein sinnvolles Gestalten des Brauchtums ist die Kenntnis der Bräuche erforderlich, das Wissen über ihre Geschichte und ihren Sinn. Das muß erklärt und erschlossen werden. Man muß das Brauchtum wieder brauchbar machen.« (vgl. Heim, HK, 2/85)

Geweihtes Salz für die Pferde

Man muß das Brauchtum wieder brauchbar machen! Richtig. Dazu gehört auch das Wissen, was mit dem Brauchtum, auch dem religiösen, gemeint ist, und wie es vermittelt wird. Daß man weiß, worum es sich handelt, wenn beispielsweise eine Flurprozession abgehalten wird; wenn Pferde, Autos oder Häuser gesegnet werden; wenn an Ostern Schinken, am Johannistag Wein, an Maria-Lichtmeß Kerzen, an Maria-Himmelfahrt Kräuter geweiht werden. Daß man weiß, was »passiert«, wenn man sich gegenseitig Segenswünsche schickt, etwa an Neujahr, oder zu den Geburts- und Namenstagen, zu Hochzeitsjubiläen oder sonst zu einem Familienfest.

Wir sollten, meine ich, uns ernsthaft und nachdenklich mit den Segnungen der Kirche beschäftigen, sollten uns klar werden darüber, was man mit Segensworten für sich und andere »erreichen« kann.

Ich denke gerne an meine Kindheit auf einem Bauernhof im Fränkischen. Wir spannten Pferde vor die Wagen. Immer, wenn etwas Besonderes gefahren werden mußte, etwa die Dreschmaschine oder riesige Baumstämme aus dem nahegelegenen Wald, oder Kartoffeln bzw. Rüben zum Bahnhof, dann ließ unsere Mutter nie die Pferde aus dem Hof, ohne ihnen vorher ein Stückchen Brot zu reichen, Brot, das sie mit Weihwasser besprengt oder mit geweihtem Salz bestreut hatte.

Ich erinnere mich auch an die Zeit, als meine Eltern, wenn eine Seuche ausgebrochen war oder auch nur ein einzelnes Tier krank darniederlag, ein paar getrocknete Kräuter aus dem letztjährigen Gewürzbüschel vom Dachboden holten, sie auf glühende Kohlen legten und damit in den Stall gingen.

Ich weiß auch noch, daß bei schweren Gewittern und Hagelstürmen eine geweihte Kerze an-

gezündet und der Rosenkranz gebetet wurde. – Kein Laib Brot wurde angeschnitten, ohne daß Mutter zuvor das Kreuzzeichen auf das Selbstgebackene gemacht hätte. Und, selbstverständlich, vor und nach den Mahlzeiten wurde ein Segensgebet gesprochen.

Eine Kettenreaktion des Guten

Ich kenne eine Frau – in ihrer religiösen Haltung gar nicht verschroben oder altmodisch –, die jedes Hotelzimmer, das sie verläßt, für den nächsten Gast segnet, »für den, der nach mir kommt«, wie sie sagt, und den Menschen, denen sie die Hand zum Abschied reicht, gelegentlich zuflüstert: »Seien Sie gesegnet!« – Ein älterer Herr, dem sie das einmal gewünscht hatte, gestand später: »Seit meiner Kindheit hat das keiner mehr zu mir gesagt!«
Ja, als Kinder wurden wir immer von Mutter gesegnet, mit Weihwasser besprengt, ehe wir das Haus verließen! Unsere Mutter tut es heute noch, und ihre Kinder und Enkelkinder sind dankbar für ihren Segen.
Ich meine, nicht nur Mütter/Eltern sollten ihre Kinder segnen, sondern auch umgekehrt: Auch Kinder sollten ihre Eltern segnen, ihnen wohlwollen; sie zeichen-haft lieb-haben!
Segnen ist eine christliche Grundhaltung. Ohne Menschen, die segnen, keine Harmonie, kein Einvernehmen, keine Geborgenheit in den Familien und Gemeinschaften. Wir sollten den Segen, den wir bekommen, nicht für uns behalten, sondern weitergeben an andere. So wird Segnen zu einer Kettenreaktion des Guten.
Ich weiß, es gibt »Aufgeklärte«, die all das für verbrämte Magie halten. Die meinen, auch ohne die Segenswünsche ihrer Mitmenschen auszukommen.
Dennoch wage ich zu behaupten: Kein Mensch, und lebte er noch so harmonisch und in Einklang

mit seinem Gewissen, kann auf den Segen Gottes und die Segenswünsche seiner Mitmenschen verzichten, keiner, der leiblich und seelisch heil werden, heil bleiben möchte.

Friedensgruß und Segensgeste

Es gibt keine Religion, auch nicht unter den sogenannten »Primitiven«, in der Segnungen nicht bekannt wären bzw. keine Bedeutung hätten.
Wer behauptet, er habe das »Wohlwollen-Wohlwünschen« der andern nicht nötig, flüchtet sich allzugern in Pseudo-Segnungen und Pseudo-Wünsche wie »Toi-toi-toi« oder »Touch-Wood« (Klopf auf Holz), oder: »Hals- und Beinbruch!«. Lauter profane Formeln, die, versteckt zwar, letztlich nichts anderes als Gesundheit und Glück herbeizaubern bzw. erhalten sollen. Kein Wunder, daß der Volksmund von einer Familie, in der es Reibereien gibt, sagt, bei der hänge der »Haussegen« schief!
Übrigens, viele Begrüßungsformeln in den verschiedenen Ländern der Welt beinhalten Segensgesten, etwa das jüdische Schalom (Frieden) oder das lateinische Pax.
Dem andern Frieden wünschen, ist in der Tat eine Segensformel, ein Segensgruß. Das bayerische »Grüßgott« ist gleichfalls ein solcher Wunsch: Man wünscht dem andern Gott-zum-Gruß!
Selbst das »Heil« auf jenen ruchlosen Diktator, der den Zweiten Weltkrieg vom Zaun gebrochen und das deutsche Volk in abgrundtiefes Leid gestürzt hat, war ursprünglich als Segen gemeint.
In den Vereinigten Staaten sagt man heute noch: »God save America« und am Kap der Guten Hoffnung: »Nkosi sikelel' i Afrika«. Es sind Segenswünsche für die betreffenden Länder. Segensformeln finden sich in den Gebeten aller Religionen, auch in denen aus der Dritten Welt

(vgl. »Unseren täglichen Reis gib uns heute«, Herder Freiburg 1984)
Es gibt noch unzählige andere Segensformeln. In der Bibel ist oft die Rede von Frauen, die »gesegneten Leibes« sind, und daß jemand »mit Nachkommen gesegnet« sein möge.

Kraftwerke der Liebe

Eine kluge Frau sagte einmal: »Vergessen Sie bitte nicht: Wer Sie anschaut, schaut aus Ihnen zurück. Wer Sie ignoriert, ignoriert sich selbst. Wer gut zu Ihnen hin-denkt, dem geht es gut. Wer Sie segnet, der wird gesegnet«. Es ist ein Irrtum zu meinen, Gedanken und Wünsche seien zollfrei. Gedanken sind Mächte. Segenswünsche sind Großmächte in der Hand eines jeden Menschen. Wehe dem, der sie verkümmern läßt oder mißbraucht.
Segnen macht gesund an Leib und Seele.
Segnen gibt Kraft, setzt Kräfte frei.
Wer segnet, wünscht Gutes.
Wer segnet, wird gesegnet.
Wer segnet, befreit sich und seinen Nächsten vom Fluch.
Durch das Segnen wird der Mensch mehr Mensch.
Wer segnet, verschenkt Wohlwollen.
Wohlwollende Worte sind Kräfte.
Gute Gedanken sind Kräfte.
Gebete sind Kräfte.
Segensgebete sind Kraftwerke.
Kraftwerke der Liebe.
Nicht »gestundete Zeit« (Ingeborg Bachmann) wünsche ich Ihnen, liebe Leser,
sondern gesegnete!
Gesegnete Zeit, während Sie dieses Bändchen lesen.
Gesegnete Zeit für Sie und Ihre Lieben.
Gesegnete Zeit bei Arbeit und Freizeit.

Gesegnete Zeit, wenn Sie den Lebensabend verbringen.
Gesegnete Zeit auch am Ende Ihres Lebens . . .
Gesegnete Zeit – jeden Tag, und immer wieder!
Gesegnet sei Ihr Tagewerk,
gesegnet Ihre Nachtruhe.

Und seien Sie versichert:
Wer Böses tut, tut es gegen sich selbst;
wer andere segnet, segnet sich selbst mit!

Adalbert Ludwig Balling

Gutes tun

Gutes wollen;
anderen Gutes wünschen;
anderen
und sich selbst
Gutes tun!
Segnen.

Segnen ist die intensivste
und intimste Form,
einem anderen Menschen
(oder mehreren Menschen/
vielen Menschen)
Gutes zu tun.

Wer segnet,
verteilt Wohlwollen
und Sympathie;
erweist Respekt;
betet selbstlos.

Selbst-loses Beten
ist praktizierte
Nächstenliebe.

Nächstenliebe
ist der Kern
des Christentums.

Nimm dir Zeit

Kürzlich las ich in einem Kalender
folgende Zeilen (hier leicht
gekürzt und überarbeitet):
Nimm dir Zeit zum Denken;
es ist der Ursprung der Macht.
Nimm dir Zeit zum Lesen;
es ist die Quelle der Weisheit.
Nimm dir Zeit zum Spielen
und Lachen;
es hält jung.
Nimm dir Zeit zum Beten;
es ist eine Großmacht . . .
Beten und Gutes wünschen
sind Schlüssel zum Himmel.

– Nimm dir Zeit zum Segnen;
es kann durch nichts anderes
ersetzt werden.
Die Zeit,
in der du segnest,
wirkst du für den Frieden
der Welt.
Die Zeit, in der du segnest,
tust du am meisten
für dich selbst;
denn wer segnet,
wird gesegnet.

Mehr Mensch werden

»Ich denke,
also bin ich« –
sagt Descartes.
Der Christ könnt sagen:
Ich bete und segne,
also bin ich!
Jeder Mensch ist sozusagen das,
woran er glaubt,
was er hofft,
was er liebt,
wofür er betet,
was er segnet . . .
Segnend erhebt sich der Mensch
über das Tier.
Segnend wird der Mensch
mehr Mensch!

Brückenschlag zum Mitmenschen

Betend ist der Mensch fähig,
eine Brücke zu schlagen
zum Mitmenschen.
Beten ist eine geistige Schwerkraft;
im Beten verbindet sich der Mensch
mit dem Schöpfer des Weltalls.
Betend überwindet er Traurigkeit
und Trübsal, Angst und Schwermut.
Betend findet der Mensch Freude
und Frieden.
Betend hilft er sich selbst
und denen, die ihm nahestehen.
Im heilenden Gebet findet der Christ
zu sich selbst. Betend erlangt er
übermenschliche Weite,
langt über sich hinaus,
und hinein
in die Gegenwart Gottes.
Betend verbindet der Mensch
die Zeit
mit der Ewigkeit.
Betend holt er Gottes Segen
herab auf sein irdisches Leben;
betend segnet der Mensch
seinen Alltag,
seine Mitmenschen;
die Welt im kleinen wie im großen.
Segensgebete,
sind Brücken –
Brücken zu Gott
wie zu den Menschen.

Ein Stückchen Geborgenheit schaffen

Manfred Hausmann schrieb einmal,
in erster Linie sei der Mensch
nicht einfach Mensch,
sondern Mit-Mensch. Und weil
das so sei, habe jeder Mensch
an jedem, dem er begegne, eine
Aufgabe zu erfüllen:
»Der Kranke ist dem Gesunden
als eine solche Aufgabe aufgegeben,
der Schwierige dem Einfachen,
der Schlechterweggekommene
dem Glücklichen, der Verkrampfte
dem Gelösten, der Zaghafte dem
Zuversichtlichen, der Alte
dem Jungen und der Junge
dem Alten, der Mann der Frau
und die Frau dem Mann.«
Den anderen Menschen lieben,
bedeute nichts anderes als:
bei ihm sein, wenn niemand bei ihm
sein will; Zeit für ihn haben,
wenn sonst keiner Zeit für ihn hat.
Den andern lieben bedeute,
»in der zerstörten Schöpfung die
ursprüngliche Ordnung wiederher-
stellen oder doch im Grauen der Welt
ein Stückchen Geborgenheit schaffen«.
– Geborgenheit schaffen
durch Zärtlichkeit, durch Wohl-wollen,
durch gute Gedanken,
durch gute Wünsche . . .

Einen goldenen Ring legen

In der Schweiz gibt es
einen alten sinnigen Brauch.
Der »Almhirt« nimmt am Abend
seinen Melktrichter zur Hand,
benützt ihn wie ein Sprachrohr
und spricht dann in die vier
Windrichtungen folgenden
Segens-Spruch:
»Ich lege einen goldenen Ring
um diesen Raum.
Gesegnet seien Menschen und Tiere,
Wald, Wiesen und Flur –
im Namen des Dreifaltigen Gottes:
des Vaters,
des Sohnes
und des heiligen Geistes –
der Mutter Maria
und aller Heiligen!
Damit jedes Tier
und jeder Mensch
bewahrt bleibe
vor Unheil und Leid
und allem anderen Bösen . . .«
Segnen,
einander Gutes wünschen –
ist das Wertvollste
und Beste, was Menschen
für einander tun können.
Segnen ist die »Sonnenenergie«
des kleinen Mannes;
sie kann ihm von niemand in der Welt
streitig gemacht werden.

Warten auf ein gutes Wort

Im Frühjahr 1984, als ihr Mann
noch Bundespräsident war,
sprach Veronica Carstens davon,
wie wichtig es sei, daß
die Menschen lernten, anderen
beizustehen; das löse in
vielen Fällen auch die eigenen
Probleme.
Wer wisse, daß er gebraucht werde,
tue sich leichter im Leben:
»Jeder, der seine Augen offenhält,
findet jemanden, der ihn braucht.
Vielleicht die alte Frau im
übernächsten Haus, die ihren Mann
kürzlich verlor.
Das kleine Türkenmädchen, das
große Schwierigkeiten hat
in der Schule, und dem niemand
beim Lernen hilft.
Viele warten auf mich und dich!
Sie warten auf Freude,
auf Trost,
auf Hilfe
und vor allem auf ein gutes Wort!«
– Sie warten auf ein gutes Wort –
auf ein wohl-wollendes Wort.
Auf eine wohl-wollende Geste.
Auf ein Gebet,
einen Segensspruch.
Keiner ist so arm,
daß er nicht andere segnen könnte!

Der Friede kommt aus dem Herzen

»Der Christ von morgen
wird ein Mystiker sein
oder er wird überhaupt nicht sein!«
– Dieses Wort von Karl Rahner
gibt zu denken.
Rahner, einer der großen
Theologen unserer Zeit,
hat damit etwas ausgesprochen,
was viele Gläubige tief in ihrem
Innern spüren: Christ sein,
ist mehr als sonntags zur Kirche
gehen, mehr als die Gebote halten.
Christ sein, so meint Rahner,
geht weit über den Verstand hinaus,
tief hinein ins menschliche Herz.
Herzenslogik nannte es ein anderer
Theologe.
Mit dem Herzen sehen,
forderte Saint-Exupery.

Anders ausgedrückt:
Es wird mit dem Christentum
erst dann wieder aufwärts gehen,
wenn wir Christen begreifen,
daß es an uns liegt –
an unserem guten Willen,
an unseren guten Wünschen,
an unserem Segen.
Der Friede der Menschen
kommt aus ihren Herzen.

Die Mauern des Hasses abreißen

Zwei Schwestern, so las ich einmal, hatten sich wegen einer zerbrochenen Tasse zerstritten. Keine der beiden war willens einzulenken.
Schließlich redeten sie kein Wort mehr miteinander, obwohl sie in einem gemeinsamen Zimmer wohnten. Als die eine damit anfing, ihre Möbel in die eine Ecke des Raumes zu schieben, tat die andere es ebenso. Am Ende zogen sie durch die Mitte des Zimmers einen Kreidestrich: getrennte Bereiche! – Das ging Wochen lang so dahin. Keine der Schwestern wollte nachgeben. Schließlich hatte die eine von ihnen einen Traum. Sie war gestorben und fand sich am Himmelstor wieder. Dort herrschte eitel Freude und Glück. Doch als sie selbst den Himmel betreten wollte, wurde sie auf geheimnisvolle Weise daran gehindert. Als sie näher hinschaute, bemerkte sie den Kreidestrich; er wirkte jetzt wie eine unsichtbare Mauer . . .
Als sie erwachte, schien der Mond ins Zimmer und ihr Blick fiel auf die Trennlinie, die ihr Zimmer teilte.
Leise stand sie auf,
holte einen Lappen und wischte
den Kreidestrich weg.

Als die andere Schwester erwachte
und sah, was geschehen war, lief sie
aus ihrer Hälfte des Zimmers
hinüber in die andere Hälfte und
umarmte ihre Schwester,
und sie feierten Versöhnung.
– Das erinnert mich an eine
andere Geschichte.
Eine Gruppe junger Menschen
hatte in einem dänischen Dorf
die Zelte aufgeschlagen.
Der Bauer, der ihnen seine Wiese
zur Verfügung stellte, erwies sich
als hilfsbereit.
Im Laufe der Tage kamen die
Jugendlichen mit ihm ins
Gespräch. So erfuhren sie beiläufig,
daß ihr Gastgeber im Krieg im
Widerstand
gekämpft hatte – gegen die Deutschen,
und daß sein Bruder in einem KZ
ums Leben gekommen war.
Gefragt, warum er jetzt trotzallem
so gut und hilfsbereit sei, auch
jungen Deutschen gegenüber,
antwortete er:
»Einmal muß es ja aufhören
mit dem Haß. Ich tue es,
damit endlich Schluß gemacht wird
mit diesem schrecklichen Morden!«
Und er gestand, daß es ihm anfangs
gar nicht leicht gefallen sei,
und daß seine dänischen Nachbarn
ihm heute noch vorwerfen, er
sei kein echter Patriot.

– Zwei Geschichten aus dem Leben.
In beiden siegte die größere Liebe.
Sie ist dort, wo Menschen bereit sind,
einander zu verzeihen;
wo sie willens sind,
Böses mit Gutem zu vergelten.

Dort zu segnen,
wo Haß war,
fällt nicht leicht.
Aber was wäre diese Welt
ohne jene, die segnen?
Die auch jene segnen,
die ihnen Böses antun?

Die bösen Willens sind?

Vor mehreren Jahren hatte ich
einen Artikel geschrieben mit der
Überschrift: Friede (auch) denen,
die bösen Willens sind!
– Da regte sich ein Leser auf:
»Aber bitte, man kann doch nicht
einen Teufel zum Heiligen machen!
Der Friede ist dem verheißen,
der guten Willens ist,
nicht dem, der Böses will.
Nein.
Frieden nur
den Guten – und keinesfalls Frieden
denen, die bösen Willens sind!
Merken Sie sich das bitte!«
– Der Brief war sehr lang.

Kurz zusammengefaßt: Der Mann
ärgerte sich, weil ich es gewagt hatte,
auch denen, die Böses wollen, Gutes
(Frieden!) zu wünschen.
Aber heißt es nicht auch in der Bibel:
»Liebet eure Feinde. Tut Gutes denen,
die euch hassen!«
Wir sind, als Christen, aufgerufen,
alle Menschen zu lieben.
Und alle lieben, heißt doch auch:
ihnen Frieden wünschen!
Erst wenn auch die Bösen
Frieden haben und halten,
kann echter Friede werden.
Solange nur die Guten Frieden halten,
steht es nicht gut um die Welt;
denn der Bösen Haß, Zwietracht
und Bosheit machen den Frieden
unmöglich.
Erst wenn auch die Bösen von
ihren Racheplänen ablassen,
erst wenn auch sie beginnen,
wohl-zuwollen, kann die
Wende kommen.
Daher ist es so wichtig,
daß wir auch den Bösen
Frieden wünschen;
Gutes zu ihnen hindenken;
sie segnen.
Im übrigen: Es war ein
jüdischer Rabbi,
der vor einer Baracke
des KZ Auschwitz betete:
»Frieden den Menschen,
die bösen Willens sind!«

Von guten und bösen Ausstrahlungen

Graf Karlfried Dürckheim schreibt einmal, alle Dinge und Wesen hätten eine besondere Ausstrahlung – die Pflanzen, die Blumen, die Steine – alle Dinge, und besonders die Menschen.
Selbst die Räume hätten eine besondere Atmosphäre. Das Lebendige habe eine andere Ausstrahlung als das Tote, das Alte eine andere als das Neue, das Kranke eine andere als das Heile. Dies gelte auch für jede Farbe; damit hänge die Stimmung zusammen, auch die Stimmung eines Raumes, eines gemütlichen Wohnzimmers im Unterschied zu einem Laboratorium.
»Die Menschen
haben ein verschieden feines Gespür für diese vielerlei Arten von Ausstrahlung.« Es gebe aber auch die dunkle Strahlung; das sei etwas anderes als die negative Ausstrahlung eines Menschen, der unglücklich, verärgert, schlechter Laune sei oder angstbesessen und abweisend. Es gebe

die dunkle Ausstrahlung des Bösen,
des Diabolischen, des Lustvoll-
Zerstörerischen, des
überdimensionalen, höhnisch
grinsenden Neins, »das allem, was
Licht ist (Kraft, Sinn, Liebe) Hohn
spricht. Es gibt diese zerstörerische
Strahlung bei Menschen, Dingen und
Räumen, die von dunklen Mächten
besetzt sind«.
– Graf Dürckheim weiß, wovon er
spricht. Die Ausstrahlung des
Menschen – zum Guten wie zum
Bösen hin – ist gewaltig.
Wir könnten es auch Segnen
und Fluchen nennen;
Segnen als gute Kraft,
Fluchen als böse Ausstrahlung.
– Wir werden nur dann in Frieden
und in Zufriedenheit
mit anderen Menschen leben können,
wenn wir uns mühen,
die guten Kräfte,
die segnenden Kräfte, zum Siege
zu führen.
Wo Menschen segnen,
hat das Böse kein Zuhause mehr.
Wo Menschen segnen,
ist auch der Raum gesegnet
und die Zeit;
wo Menschen segnen,
wird Ewigkeit hereintröpfeln
in unseren Alltag.
Wo Menschen segnen,
ist Gott nicht fern.

»Vergelt's Gott!«

Karl Rahner schrieb in einem Brief an gute Freunde (Gratulanten zu seinem 80. Geburtstag),
sein Dank bezeuge eine »immer wieder sich ereignende und doch jedesmal überraschende wunderbare Tatsache, daß Menschen sich nicht nur in den alltäglichen Bedürfnissen ihres irdischen Lebens beistehen können, sondern sich gegenseitig in lebendiger Verbundenheit in jenem Bereich helfen können, in dem die Gnade Gottes wächst und die Frucht der Ewigkeit heranreift, die immer bleiben wird«.
– Er sei sehr gerührt gewesen, so fuhr der berühmte Jesuitentheologe fort, über die vielen »Laudationes« in Zeitungen und Zeitschriften. Man werde nach solcher Lektüre rot und denke sich:
»So bin ich nicht, würde aber gerne so sein!«
Der Brief Rahners schließt mit dem lapidaren Satz:
»Im süddeutschen und österreichischen Raum ist das Wort ,Vergelt's-Gott' zwar eine reichlich abgegriffene Verkehrsmünze, aber hören Sie wieder einmal dieses Vergelt's-Gott so, wie es eigentlich gemeint ist!«
– Rahner starb nur wenige Tage nach

»Von einem Starez
(russischer Einsiedler-
Mönch),
der Hirte war, heißt es:
Er betete
bei Sonnenaufgang und
bei Sonnenuntergang –
und seine Schafe
standen still in einer
Richtung
und beteten mit.«
(Wladimir Lindenberg)

* * *

»Hier,
wo wir stehen,
gilt es,
das verborgene Leben
aufleuchten zu lassen.«
(Martin Buber)

diesem Brief. Er war nicht nur ein großer Theologe, sondern auch ein bescheidener Ordensmann. Er wußte, daß er niemals allen Freunden so danken könnte, wie er es sich wohl gewünscht hätte. Er wußte, dafür reichen menschliche Mittel niemals aus.
So schämte er sich nicht, jenen alten Segensspruch zu verwenden, der nur allzugerne mit »frommen Seelen« in Verbindung gebracht wird.
Rahner sagte ein herzliches »Vergelt's-Gott« allen, die ihm Gutes gewünscht hatten. Er segnete die, die ihm Segen zugesprochen hatten.

Ein »Vergelt's-Gott« zu sagen, sollten wir uns niemals schämen. Gott gebührt die Ehre, der Dank. Er vergilt Gutes mit Gutem besser als sonst jemand in der Welt.
Dankend bleiben wir bescheiden.
Dankend gedenken wir derer,
die uns mögen, die uns wohlwollen.
Dankende und Segnende sind
sympathisch Gott
und den Menschen.

Wohl-behütete Frauen

»Es kann so schön sein, alt zu werden, das Gefühl zu haben, das fast schon

ein Glück ist, mehr von jenen Dingen zu wissen, an die man früher nicht mal gedacht hat. Weil man angeblich keine Zeit hatte . . .«
– Dies schreibt der Schauspieler Heinz Rühmann in seinen Erinnerungen (Das war's, Ullstein/ Berlin).
Er erwähnt darin auch eine interessante Beobachtung an der Algarve/Portugal: Große stattliche Frauen in schwarzen Gewändern waren da auf dem Marktplatz eines Städtchens zu sehen, Frauen, die seltsamerweise Herrenhüte trugen. Rühmanns Frau erkundigt sich, warum ausgerechnet unförmliche Herrenhüte? Und erhielt zur Antwort: Es sind Witwen; sie tragen die Hüte ihrer verstorbenen Männer!
Diesen symbolischen Brauch kommentiert Rühmann: »So sind sie immer von ihren Männern behütet!«
– In der Tat,
ein wunderschöner Brauch.
Die portugiesischen Frauen wissen um die Macht des Segens;
sie glauben an die »Behütung« durch ihre verstorbenen Ehemänner.
Sie wissen und glauben, daß jene, die von uns gingen, oft auf wunderbare Weise mitten unter uns sind, unsichtbar zwar, aber nicht minder gegenwärtig.
Die Lehre der Kirche sagt es

überdeutlich: Der Mensch ist auf
das Leben hin geschaffen –
auch über den Tod hinaus:
auf das Ewige Leben hin!
Jene, die wir lieb hatten,
die bei uns waren,
die uns nahe standen,
aber von uns gingen,
haben durchaus die Möglichkeit,
mit uns verbunden zu bleiben,
wenn auch auf uns nicht
einsichtige Weise.
Sie – die Toten –
behüten uns vom Jenseits her;
sie segnen uns;
sie schicken uns gute Gedanken.
– Es ist gut, dies zu wissen.
Nicht nur dann, wenn wir selbst
alt geworden sind
und mehr Zeit haben
zum Nachdenken.
Wir sollten dankbar dafür sein;
uns mühen, den Kontakt mit den
Verstorbenen nicht abreißen zu lassen.
– Die Hüte ihrer verstorbenen
Männer erinnern die portugiesischen
Frauen tagtäglich an die
Verbundenheit von Lebenden und
Toten.
Wir könnten es gleichermaßen tun,
indem wir für die Verstorbenen beten,
sie segnen,
ihnen Gutes wünschen.
Wer segnend der Toten gedenkt,
wird von ihnen gesegnet.

Wenn Priester segnen . . .

Um den Segen einen Neupriesters (Primizianten) zu empfangen, solle man ein paar Schuhsohlen durchlaufen! So sagte man früher im katholischen Bayern.
Auch heute noch spenden Neugeweihte den Primizsegen, vor allem in ihren Heimatgemeinden, und in vielen ländlichen Gegenden wissen die Gläubigen nach wie vor um die Kraft dieser zeichenhaften liturgischen Geste.
– Leider geben heute, auch keineswegs kirchenfeindliche Christen auf den Segen der Priester nicht mehr viel.
Man dünkt sich erhaben, meint, es grenze an Magie, will aufgeklärt sein. Das ist eigentlich nichts Neues.
Katharina Emmerich,
die Seherin von Dülmen
in Westfalen (1774–1824), war schon zu ihrer Zeit sehr traurig darüber, daß selbst Priester nicht mehr so recht an ihre Segenskraft glaubten; sie beklagte, »wie nachlässig die Priester mit dem Segen sind.

Es ist, als wüßten sie oft nicht mehr,
was der Priestersegen bedeutet.
Viele glauben kaum daran und
schämen sich des Segnens als einer
veralteten und abergläubischen
Zeremonie . . .«
Man stelle sich vor, wie viel Gutes von
Priestern wie Gläubigen,
ausgehen könnte, wenn alle an die
Kraft des Segnens glaubten! Wenn sie
ihre segnenden Hände über die
gesamte Welt ausstreckten.
– Aber es gibt auch ermunternde
Beispiele. Manchmal wissen sogar
Nicht-Christen bzw. Atheisten um die
Kraft des Priestersegens.
Eine erschütternde Geschichte ist aus
einem der Konzentrationslager Hitlers
bekannt geworden.
Ein inhaftierter katholischer Priester,
der in einer Munitionsfabrik arbeiten
mußte, wurde eines Tages von einem
hohen SS-Führer gebeten, heimlich zu
seiner Familie zu kommen und Frau
und Kinder zu segnen.
Der KZ-Häftling später:
»Ich war ergriffen! Da stand ich, in
armseliger Häftlingskleidung, und gab
den Angehörigen eines Mannes, der
mich bewachen half,
den priesterlichen Segen!
Ein – zumindest nach außen –
erklärter Atheist bat mich,
einen katholischen Priester,
ihn und die Seinen zu segnen . . .«

Kirchliche Segnungen/ Sakramentalien

Die kirchliche Praxis kennt viele Segnungen bei verschiedenen Anlässen »zugunsten« von Gegenständen, Pflanzen, Tieren und Menschen.
Die offiziellen Texte erfuhren zwar im Laufe der Jahrhunderte immer wieder Änderungen; auch kamen neue Segensformeln hinzu, aber das Grundanliegen ist gleichgeblieben: Segnungen werden als »Ausstrahlung des Heils- und Erlösungswerkes Jesu Christi verstanden; sie sind inmitten einer Welt der Skepsis und der Gleichgültigkeit ein Zeugnis des Glaubens an die Auferstehung der endzeitlichen Neuschöpfung« (Alfred Läpple).
Sie wollen für die Menschen Orientierungszeichen sein, Tröstung und Hilfe.
Darauf verweisen fast alle Texte, die bei kirchlichen Segnungen gesprochen werden.
Am Dreikönigstag findet beispielsweise die Weihe von Wasser, Weihrauch und Kreide statt: »Dieses

Wasser soll bei deinem Heilswirken, Herr, mitwirken und darum deine göttliche Gnadenkraft aufnehmen, um alles Böse zu vertreiben und Krankheiten abzuwehren.
Wenn mit diesem geweihten Wasser die Häuser und Wohnungen der Gläubigen besprengt werden, so seien sie frei von jedem Schaden und Unheil und von jeder Krankheit. Unter Anrufung deines Namens erflehen wir für alle Häuser und Wohnungen, für alle Gläubigen und unser ganzes Volk Gesundheit an Leib und Seele. Frieden, Glück und deine besondere Gnade . . .
Segne, Herr, diese Kreide, damit sie den Menschen zum Heil gereiche, daß jeder, der diese geweihte Kreide verwendet und an die Türen seines Hauses (seiner Wohnung) die Namen der heiligen Könige Kaspar, Melchior und Balthasar (C+M+B) schreibt, durch ihre Fürbitte Gesundheit des Leibes und Zufriedenheit der Seele erlange . . .«
Im Laufe des Kirchenjahres gibt es viele Segnungen, etwa die Kerzenweihe an Maria-Lichtmeß, den Blasiussegen am 3. Februar, die Aschenweihe am Aschermittwoch, die Palmweihe am Palmsonntag, die Weihe von Krankenöl, Chrisam und Katechumenenöl am Gründonnerstag, die Weihe des

Feuers, der Kerze und des Taufwassers in der Osternacht, oder des Lammes, des Schinken, der Eier, der Brote und anderen Eßwaren an Ostern (»Segne, Herr, diese Speisen. Deine Güte schenke uns Freude und Gesundheit des Leibes und der Seele.
Laß uns in Dankbarkeit deine Gaben genießen und stets deiner Schöpferliebe gedenken . . .«).

Da gibt es die Kreuzsegnung (Mai und September), die Kräuterweihe am Fest von der Aufnahme Mariens in den Himmel (»Segne alle diese Kräuter und Früchte; gieße ihnen, über die natürliche Kraft, die du ihnen geschenkt hast, hinaus, die Gnade deines Segens ein. Laß sie zum Nutzen werden für Mensch und Tier, ein wirksames Heilmittel gegen alle Krankheiten . . .«),
die Segnung der Pferde (an Pfingsten und am Fest des heiligen Leonhard),
die Segnung der Tiere am Fest des heiligen Franz von Assisi
und die Weihe von Wein am Fest Johannes des Evangelisten;
dabei heißt es:
»Segne, Herr, diesen Wein – und laß uns wachsen in jener Liebe, wie sie dein Apostel Johannes
dir schenkt . . .«

Wenn man das Rituale Romanum (das Buch der Segnungen und Weihen)

durchblättert, stellt man fest, daß es fast nichts gibt, das nicht gesegnet werden könnte:
Felder, Wiesen, Wälder, Kirchen, Altäre, Kapellen, Kreuze, Rosenkränze, Autos, Traktoren, Motorräder, Brücken, Häuser, Fahnen, Friedhöfe, Schulen, Fabriken, Garagen, Glocken, Krankenhäuser, Heiligenbilder, Statuen, Schiffe, Flugzeuge, Eisenbahnen,
– kurzum: Dinge, Tiere und Menschen. Besonders geschätzt werden Reisesegen (»Schenke den Reisenden Erlebnisse und Erkenntnisse, die froh machen. Schenke ihnen Erholung in der Schönheit deiner Schöpfung. Bewahre sie vor Unheil und Verkehrsunfällen. Gib uns ein fröhliches Wiedersehen . . .«)
und Segnung von Kindern:
(»Gib diesem Kind den Segen deiner Liebe und deiner Fürsorge. Schenke ihm Gesundheit, Einsicht und Gnade vor Gott und den Menschen. Bewahre es vor Unfällen beim Spielen und auf der Straße . . .«)
und Müttern (»Herr, du hast gewollt, daß Menschen in deinem Auftrag Leben weitergeben. Stehe in Liebe dieser Mutter bei, die du ein Kind empfangen ließest und die vor der Geburt ihres Kindes steht.
Segne Mutter und Kind . . .«)

Einen besonderen Platz im religiösen Leben der Gläubigen nehmen die Segensworte des Papstes und der Bischöfe ein; weltweit bekannt ist der Segen »Urbi et orbi«, wobei der Papst Gottes Segen herabfleht auf die Stadt Rom und den gesamten Erdkreis.

Segensworte der Heiligen Messe

AUS DEN FEIERLICHEN SCHLUSS-SEGEN

Der barmherzige Gott hat uns den Glauben an das Kommen seines Sohnes geschenkt; er segne und heilige euch durch das Licht seiner Gnade . . .

* * *

Der barmherzige Gott mache eure Herzen hell mit dem Licht seiner Gnade; er erfülle euer ganzes Leben mit Freude; er schenke euch und allen Menschen guten Willens seinen Frieden . . .

Gott, unser Vater, hat uns aus der
Finsternis in sein wunderbares Licht
gerufen; er segne euch
und stärke euch im Glauben,
in der Hoffnung und in der Liebe . . .

* * *

Der barmherzige Gott segne euch
und mache euch bereit, Gott und
den Menschen zu dienen . . .

* * *

Der allmächtige Gott segne euch
und schenke euch seine Freude . . .

* * *

Der allherrschende Gott
gewähre euch die Fülle
seines Segens . . .

* * *

Der gütige Gott segne euch
und schenke euch den Reichtum seiner
Gaben . . .

* * *

Der Herr segne euch und behüte euch;
er lasse sein Angesicht über euch
leuchten und sei euch gnädig; er

wende euch sein Antlitz zu und
schenke euch seinen Frieden . . .

* * *

Der allmächtige Gott gewähre euch
Segen und Heil; er offenbare euch
die Wege seiner Weisheit . . .

* * *

Der Gott und Vater unseres Herrn
Jesus Christus, der uns tröstet
in jeder Not, segne euch und lenke
eure Tage in seinem Frieden . . .

* * *

Gott, der allmächtige Vater, segne
euch; er bewahre euch vor Unheil und
Schaden . . .

* * *

Gott, unser Vater, segne euch
mit allem Segen des Himmels . . .

* * *

Die Gnade seines Segens
schenke euch der Gott
allen Trostes,
der uns aus Liebe erschaffen
und uns in Christus die Hoffnung
auf die selige Auferstehung
geschenkt hat . . .

Gott, der allmächtige Vater,
segne euch und schenke euch
gedeihliches Wetter; er halte Blitz,
Hagel und jedes Unheil von euch fern.
Er segne die Felder, die Gärten
und den Wald und schenke euch
die Früchte der Erde.
Er begleite eure Arbeit,
damit ihr in Dankbarkeit und Freude
gebrauchet, was durch die Kräfte der
Natur und die Mühe des Menschen
gewachsen ist . . .

* * *

Schenke uns deinen Segen,
allmächtiger Gott, denn wir sind
dein Volk. Hilf uns, das Böse
zu meiden und zu erlangen,
was uns zum Heile ist . . .

* * *

Segne deine Gläubigen, allmächtiger
Gott,
stärke sie im Glauben,
hilf ihnen, deinen Willen zu tun;
bewahre sie in deiner Gnade,
damit sie sich immer deiner
Huld erfreuen . . .

* * *

Großer Gott, du bist reich an
Erbarmen. Schenke deinen Dienern die

Fülle deiner Liebe. Gib ihnen
Sicherheit durch deine Hilfe und
stärke sie durch seinen Segen . . .

* * *

Allmächtiger Gott,
segne dein Volk,
bewahre, lenke und schütze es,
damit wir frei bleiben von Sünde,
sicher vor dem Feind
und beharrlich in deiner Liebe . . .

* * *

UND DER SEGEN DES
ALLMÄCHTIGEN GOTTES,
des Vaters und des Sohnes
und des Heiligen Geistes
komme auf euch herab
und bleibe bei euch allezeit!

An Gottes Segen, ist alles gelegen

BIBEL-WORTE (Auswahl)

»Des Vaters Segen
bauet den Kindern Häuser.«
(Jesus Sirach, 3, 11)

* * *

»Der Segen des Herrn macht reich
ohne Mühe.«
(Salomon 10, 22)

* * *

»Segnet, die, die euch fluchen!«
(Matthäus 5, 44)

* * *

»Und er nahm die Kinder
in seine Arme, legte ihnen
die Hände auf
und segnete sie.«
(Markus 10, 16)

* * *

»Er führte sie hinaus in die Nähe von Betanien. Dort erhob er seine Hände und segnete sie – und während er sie

segnete, verließ er sie und wurde zum
Himmel emporgehoben.«
(Lukas 24, 50–51)

* * *

»Sein (Josefs) Land sei vom
Himmel gesegnet
mit Köstlichem des Himmels,
mit Tau, mit Grundwasser,
das in der Tiefe lagert,
mit Köstlichem aus den Erzeugnissen
der Sonne, mit Köstlichem aus dem,
was jeden Monat sprießt,
mit dem Besten uralter Berge,
mit Köstlichem ewiger Hügel,
mit Köstlichem des Landes
und seiner Bewohner –
und über ihn komme die
Gnade dessen,
der im Dornbusch wohnt . . .«
(Deuteronomium 33, 13–16)

* * *

»Sag zu Aaron und seinen Söhnen:
So sollt ihr die
Israeliten segnen;
sprecht zu ihnen:
Der Herr segne dich und behüte dich.
Der Herr lasse sein Angesicht über
dich leuchten und sei dir gnädig. Der
Herr wende sein Angesicht dir zu und
schenke dir Heil.«
(Numeri, 6, 22–26)

»Alle diese Segnungen werden über dich kommen und dich erreichen, wenn du auf die Stimme des Herrn, deines Gottes, hörst:
Gesegnet bist du in der Stadt,
gesegnet auf dem Lande.
Gesegnet ist die Frucht
deines Leibes,
die Frucht deines Ackers,
die Kälber, Lämmer und Zicklein.
Gesegnet ist dein Korb
und dein Backtrog.
Gesegnet bist du,
wenn du ausziehst,
gesegnet wenn du heimkehrst . . .«
(Deuteronomium 28, 2–6)

* * *

»Liebet eure Feinde;
tut denen Gutes,
die euch hassen.
Segnet die, die euch verfluchen;
betet für die,
die euch mißhandeln . . .«
(Lukas 6, 27–28)

* * *

»Vergeltet nicht Böses mit Bösem
noch Kränkung mit Kränkung!
Statt dessen segnet; denn ihr
seid dazu berufen,
Segen zu erlangen.«
(1 Petrus 3, 8–9)

»Gott schuf also den Menschen nach seinem Abbild, als Mann und Frau schuf er sie. Und Gott segnete sie und sprach zu ihnen: Seid fruchtbar und vermehrt euch, bevölkert die Erde, unterwerft sie euch, und herrscht über die Fische des Meeres, über die Vögel des Himmels und über alle Tiere, die sich auf dem Land regen . . .«
(Genesis 1, 28)

* * *

»Mein Sohn duftet wie das Feld,
das der Herr gesegnet hat.
Gott gebe dir vom Tau des Himmels,
vom Fett der Erde, viel Korn und
Most. Dienen sollen dir die Völker,
Stämme sich vor dir niederwerfen,
Herr sollst du über deine Brüder sein.
Die Söhne deiner Mutter sollen dir
huldigen.
Verflucht, wer dich verflucht.
Gesegnet, wer dich segnet.«
(Genesis 27, 27–29)

* * *

»Gott, der Allmächtige,
wird dich segnen
mit Segen des Himmels von droben,
mit Segen tief lagernder Urflut,
mit Segen von Brust und Schoß.
Deines Vaters Segen übertrifft
den Segen der uralten Berge . . .«
(Genesis 49, 25–26)

»Man soll für ihn allezeit beten,
stets für ihn Segen erflehen.
Im Land gebe es Korn in Fülle.
Es rausche auf dem Gipfel der Berge.
Seine Frucht wird sein wie die Bäume
des Libanon. Menschen blühen in der
Stadt wie das Gras der Erde.
Sein Name soll ewig bestehen.
Glücklich preisen sollen ihn
alle Völker und in ihm
sich segnen.«
(Psalm 73, 15–17)

* * *

»Versag keine Wohltat dem,
der sie braucht,
wenn es in deiner Hand
liegt, Gutes zu tun.«
(Sprichwörter 3, 27)

Lexika-Wissen

Das Wort SEGEN/SEGNEN kommt wahrscheinlich aus dem althochdeutschen SEGAN/SEGNAN und geht seinerseits auf das lateinische SIGNARE (bezeichnen) zurück. Segnen kann im profanen Sprachgebrauch sowohl Glückssegen wie Zaubersegen bedeuten. SIGNUM (lateinisch für Zeichen), war

ursprünglich das »eingeschnittene Zeichen«, von SECARE (einschneiden).
(Vielleicht kommt davon auch das deutsche Wort Sichel.)

Diese etymologische Wortdeutung (vgl. Friedrich Kluge, Wörterbuch, Berlin 1963) greift im Zusammenhang mit Segnen ausdrücklich das Handsymbol auf. Die Hand als Zeichen des Segens und Segnens, des Weitergebens von Segen und des Gepacktseins vom Segen.
Handauflegung war die äußere Geste, um den Segen Gottes weiterzugeben.
Erhobene Hände erflehten den Segen von »oben«; Handauflegung war Zeichen der Segensvermittlung.
(vgl. Gerd Heinz-Mohr, Lexikon der Symbole, Düsseldorf 1971)

* * *

Im Meyerschen Konversationslexikon wird Segen so umschrieben: »Die Ankündigung oder Anwünschung eines Gutes, besonders der göttlichen Gnade, unter Anrufung Gottes. Bei dem jüdischen Gottesdienst erteilte der Priester der Versammlung den Segen. Dieser Gebrauch ging in den christlichen Gottesdienst über . . .
Auch ist die Einsegnung gewisser Personen und Sachen gebräuchlich, so

die Einsegnung (Aussegnung) der Wöchnerinnen, der Sterbenden, der Äbte bei ihrer Einführung, der Nonnen bei ihrer Einkleidung, des Brotes und Weines beim hl. Abendmahl (Konsekration), der Schiffe, der Kriegsfahnen, der Häuser usw. Segen heißt auch ein Gebet oder eine Gebetsformel, z.B. Morgen- und Abendgebet.«
(5. Auflage, Leipzig 1895)

* * *

Sehr viel vager und allgemeiner definiert das Readers Digest Universal Lexikon (Stuttgart ca. 1970) das Wort Segen: »Beruht wie Fluch auf der magischen Vorstellung, daß Kräfte der Geister durch Dinge (auch durch Atem) übertragen werden können. Der Berufene, Priester, Magier, mächtige Herr, kann durch machtgeladene Segensformel (Segens-Spruch) Kräfte guter Geister auf Gesegneten, beim Fluch das Gegenteil auf Verfluchten übertragen; Segen ist in der christlichen Kirche weitgehend nur noch Segenswunsch.«
– Eine miß-deutbare Deutung;
dem christlichen Segens-Verständnis überhaupt nicht gerecht werdend!

* * *

»Segnen, das heißt die Hand
auf etwas legen und sagen:
Du gehörst trotz allem Gott . . .
Wir haben Gottes Segen empfangen
in Glück und im Leiden.
Wer aber selbst gesegnet wurde,
der kann nicht mehr anders,
als diesen Segen weiterzugeben,
ja, er muß dort, wo er ist,
ein Segen sein.
Nur aus dem Unmöglichen
kann die Welt erneuert werden;
dieses Unmögliche
ist der Segen Gottes.«
(Dietrich Bonhoeffer)

Beim Bertelsmann Handlexikon (Gütersloh 1975) steht unter dem Stichwort SEGEN, es sei ein »heilschaffendes« Wort; – im Gegensatz zum Fluch: »Oft ist der Segen von Handlungen begleitet (Handauflegen, Kreuzzeichen) oder an ein Amt gebunden (Priester, Prophet, Familienoberhaupt). – In der katholischen Kirche gehört der Segen des Priesters zu den Sakramentalien. In den evangelischen Kirchen wird der Segen mehr als Gebetswunsch verstanden.«

* * *

Im Großen Herder Lexikon (Bd. VIII, Freiburg 1956) findet sich folgende Eintragung:
»Segen, Segnung oder Benediktion, ein Sakramentale, das seinerseits wiederum mit den anderen Sakramentalien und vielen liturgischen Akten verbunden ist, ist Höhepunkt der Segensandacht. Zur Form des Segens gehören, einzeln oder zusammen: Gebet, Spruch, Zeichen (Kreuz, Handauflegung), hl. Dinge (Sakrament, Bild, Reliquie)«.

Das Lexikon geht dann auf die sachliche Wirkung des Segens ein (er beruht auf der Vollmacht und Bittgewalt der Kirche) und verweist

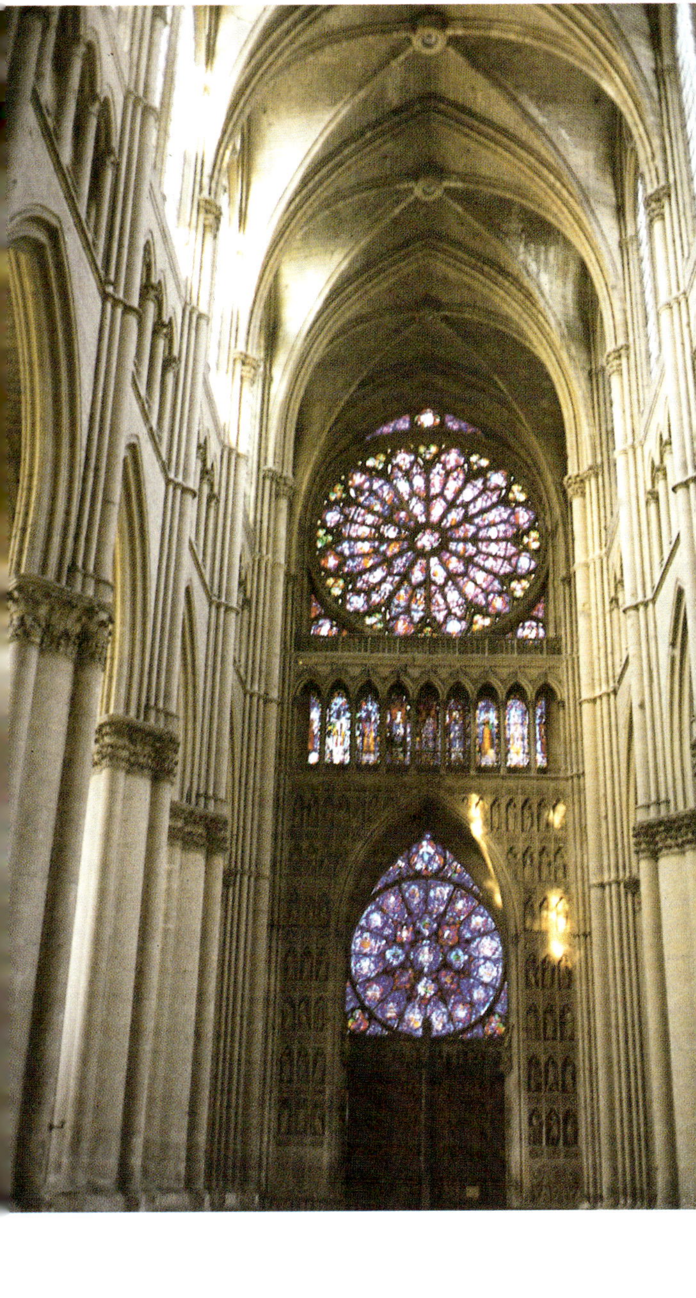

darauf, daß eine »innere Aufnahmebereitschaft« vom Empfänger vorausgesetzt wird.

* * *

Im »Bibel-Lexikon« (Benziger Köln/ Zürich 1968) heißt es u.a.
»Segen und Fluch sind ursprünglich Worte oder Handlungen, die aus sich selber Heil oder Unheil wirken. Von dieser magischen Auffassung finden sich noch Spuren bei den Israeliten wie bei anderen semitischen Völkern.« –

Der biblischen Auffassung von Segen am ähnlichsten, so formuliert es das Lexikon für Theologie und Kirche, (Freiburg 1964) sei die islamische. Barakah bezeichne im Sufismus den geistlichen Einfluß, den der Lehrer auf den Schüler ausübe.
Auch in indischen Religionen (Hinduismus und Buddhismus) kenne man den objektiven geistlichen Einfluß, »der die sinnliche Wirklichkeit an die geistige bindet«; es gebe da auch gewisse Segens-Zeichen . . .

Seine Linke voll Heil und Gutes

Das Vaterunser ist das beste Gebet,
aber kein Mensch auf Erden kann es
so nachbeten wie der,
der's gemacht hat . . .
Wenn ich's beten will,
so denk ich erst an meinen
seligen Vater,
wie der so gut war
und mir so gerne geben mochte.
Und dann stell ich mir
die ganze Welt
als meines Vaters Haus vor;
und alle Menschen in Europa, Asia,
Afrika und Amerika sind dann
in meinen Gedanken meine Brüder
und Schwestern;
und Gott sitzt im Himmel
auf einem goldenen Stuhl und hat
seine rechte Hand übers Meer
und bis ans Ende
der Welt ausgestreckt
und seine Linke voll Heil
und Gutes,
und die Bergspitzen umher
rauchen –
und dann fang ich an zu beten:
Vater unser,
der du bist im Himmel . . .
(Nach Matthias Claudius)

* * *

Vater im Himmel,
ich bitte weder um Gesundheit
noch um Krankheit, weder um Leben
noch um Tod,
sondern darum, daß du über meine
Gesundheit und meine Krankheit,
über mein Leben
und über meinen Tod verfügst
zu deiner Ehre und zu meinem Wohle.
Du allein weißt,
was mir guttut.
Du bist der Herr!
Tue, was du willst.
Gib mir, was du für recht hälst.
Nimm von mir,
was mir schadet.
Mache meinen Willen
dem deinen gleich.
Segne mich
und segne die Welt.
Segne mich heute
und segne mich morgen.
Segne mich
alle Tage meines Lebens.
(Nach Blaise Pascal)

Altindische Segensformel

Der Philosoph und Kulturpessimist
Arthur Schopenhauer schrieb einmal,
er wüßte kein schöneres
Gebet als das,
womit die altindischen

Schauspiele zu
schließen pflegen:
»Mögen alle lebenden Wesen
von Schmerzen frei bleiben!«
– Eine wunderschöne Segensformel:
Mögen alle lebenden Wesen von
Schmerzen frei bleiben! Nicht nur
die Menschen, auch die Tiere
werden einbezogen.
Es wird nicht Glück und
Freude gewünscht,
nicht Gesundheit und Wohlergehen,
nicht Erfolg im Beruf –
das wird wohl nicht
ausgeklammert! –
aber in erster Linie geht es um
das Freisein von Schmerz.
Wer sich an seine letzten
Zahnschmerzen erinnert oder an
andere körperliche Schmerzen, weiß,
wie deprimierend diese sein können.
Ganz zu schweigen
von den seelischen
Schmerzen, die viel grausamer
und viel härter sein können.
Das indische Segensgebet beinhaltet
beide Arten von Schmerzen:
Mögen alle lebenden Wesen von
Schmerzen frei sein!
Ein Segenswunsch,
den wir gar nicht
oft genug sprechen können.

Ein gesegneter Mensch

Ich bat Gott um Stärke,
aber er machte mich schwach,
damit ich bescheiden würde
und demütig.
Ich erbat seine Hilfe,
um große Taten
zu vollbringen,
aber er machte mich
kleinmütig, damit ich gute Taten
vollbrächte.
Ich bat um Reichtum und Güter,
um glücklich zu werden
und sorglos zu sein;
er machte mich arm,
damit ich weise würde
und unabhängig
und frei.
Ich bat um alle Dinge dieser Welt,
damit ich das Leben genießen könne.
Er aber gab mir das Leben,
damit ich mich freute – an den
Dingen der Welt.
Ich erhielt nichts von dem, was ich
erbat, aber alles, was gut war für
mich.
Gegen mich selbst wurden meine
Gebet erhört; ich bin unter allen
Menschen ein gesegneter Mensch.

(Von einem unbekannten Soldaten aus
dem amerikanischen Bürgerkrieg)

Gedanken eines alten Menschen

Herr,
da du es bist,
der die Dinge geordnet hat,
da du es bist, der den Lauf
der Welt bestimmt,
da du es bist, der mir Glück
bringt und Unglück zuläßt,
da du es bist, der mich trägt,
wenn ich stürze,
der mich auffängt,
wenn ich falle –
so ergebe ich mich
in deinen Willen.
Hebe mir das Glück auf,
das du mir genommen hast,
für die Ewigkeit.
Ich danke dir, Herr,
für die schönen Tage
meines Lebens;
ich danke dir für deine Liebe
und Güte;
ich bitte Dich,
behüte mich auch in Zukunft.
Dir vertraue ich meine Liebe an.
Dir unterstelle ich mich
ganz und gar.
Herr,
sei mir nahe,
wenn ich einsam bin
und traurig . . .
(Unbekannt)

»Gesegnet und gepriesen
seist du, ewiger Gott,
der du uns hast leben
lassen,
der du uns hast aufrecht
sein lassen
und der du uns diesen Tag
hast erreichen lassen!«
(Jüdischer Gebets-Segen)

* * *

»Die Amseln haben Sonne
getrunken,
aus allen Gärten strahlen
die Lieder,
in allen Herzen nisten die
Amseln,
und alle Herzen werden
zu Gärten
und blühen wieder.«
(Maximilian Dauthendey)

»Verleih mir Flügel, Herr!«

Herr,
du weißt es besser als ich selbst:
ich werde älter – und eines Tages
gehöre ich zu den Alten.
Bewahre mich vor der unheilvollen
Angewohnheit zu meinen, ich müsse
zu allen etwas sagen.
Befreie mich vor dem Verlangen,
jedermanns Angelegenheiten
in Ordnung bringen zu wollen.
Mache mich bedachtsam, hilfsbereit,
menschenfreundlich.
Laß nicht zu, daß ich mürrisch
werde oder trotzig.
Erhalte mir ein paar gute Freunde.
Bewahre mich davor, endlose
Einzelheiten aufzuzählen.
Verleihe mir Flügel, zur
Hauptsache zu kommen.
Versiegle meine Lippen, wenn ich
klagen möchte.
Ich weiß, meine Leiden nehmen zu,
auch die Lust, sie aufzuzählen.
Um so mehr bitte ich dich um die
Gnade, daß ich alles mit Geduld
ertrage.
Ich wage es nicht, um ein besseres
Gedächtnis zu bitten, wohl aber um
größere Bescheidenheit und weniger
Selbstsicherheit, wenn ich aus meinem
Leben erzähle.
Führe mich, Herr,

zu der Erkenntnis, daß ich mich
gelegentlich auch irren kann.
Sorge dafür, daß ich
liebenswürdig
bleibe, liebenswürdiger werde.
Ich dränge nicht darauf,
eine Heilige zu werden –
manche von ihnen sind so
sauertöpfisch. Schenke mir vielmehr
die Fähigkeit,
Gutes zu tun
auch denen, die es nicht
von mir erwarten.
Gib mir, Herr,
die Gnade, es den Menschen auch
zu sagen, daß ich sie liebe.
Segne mein Alter
und halte deine segensreiche Hand
über alle, die mich mögen.
(Eine englische Nonne aus
dem 17. Jahrhundert)

»Mein Wunsch für dich«

Aus Irland, der grünen Insel,
Heimat des heiligen Patrick
und unzähliger anderer Frommer,
kamen vor einigen Jahren »Grüße
und Glückwünsche«, die es wert
sind, weitergegeben zu werden:

Nicht, daß keine Wolke dein Leid
überschatte;

nicht, daß dein Leben künftig
ein Beet voller Rosen sei;
nicht, daß du niemals
bereuen müßtest;
nicht, daß du niemals Schmerzen
empfinden solltest –
nein, das wünsche ich dir nicht.
Denn Tränen reinigen,
Leid adelt,
Schmerz und Not bringen uns
der Mutter und dem Kind
von Bethlehem näher.
Mein Wunsch für dich lautet:
Daß du tapfer bist
in Stunden der Prüfung;
wenn andere Kreuze auf deine
Schultern legen;
wenn Berge zu erklimmen
und Kluften zu überwinden sind;
wenn die Hoffnung kaum
mehr schimmert.
Daß jede Gabe,
die Gott dir schenkt,
mit dir wachse,
und dir dazu diene,
denen Freude zu schenken,
die dich mögen.
Daß du immer einen Freund hast,
der es wert ist,
so zu heißen,
dem du vertrauen kannst,
der dir hilft,
wenn du traurig bist,
der mit dir gemeinsam
den Stürmen des Alltags trotzt.

Und noch etwas wünsche ich dir:
Daß du in jeder Stunde
der Freude und des Schmerzes
die Nähe Gottes spürest –
das ist mein Wunsch für dich,
und für alle,
die dich mögen.
Das ist mein Wunsch für dich –
heute und alle Tage.

Der Herr lasse leuchten sein Angesicht

Der Herr, der Mächtige,
Ursprung und Vollender
aller Dinge,
segne dich.
Er gebe dir Gedeihen
und Wachstum,
Gelingen deiner Hoffnungen,
Frucht deiner Mühe;
er behüte dich
vor allem Argen;
er sei dir Schutz in Gefahr
und Zuflucht in Angst.
Der Herr lasse leuchten
sein Angesicht über dir,
wie die Sonne über der Erde
Wärme gibt dem Lebendigen;
er sei dir gnädig,
wenn du verschlossen bist in Schuld;
er löse dich vor allem Bösen
und mache dich frei.

Der Herr erhebe sein Angesicht:
er sehe dein Leid
und höre deine Stimme;
er heile und tröste dich
und gebe dir Frieden,
das Wohl des Leibes
und das Wohl der Seele . . .
(Verfasser unbekannt)

»Das Gebet,
das ein Mensch
mit aller seiner Macht
leistet,
hat eine große Kraft.«
(Mechtild von
Magdeburg)

* * *

»Gesegnet seist du,
universelle Materie,
grenzenlose Dauer,
uferloser Äther –
dreifacher Abgrund der
Sterne,
der Atome
und der Generationen –
du, die du,
unsere engen Maße
überflutend
und auflösend,
uns die Dimension Gottes
offenbarst.«
(Teilhard de Chardin)

»Laß deine Augen auf meinen ruhen . . .«

Herr,
ich komme zu dir,
daß deine Berührung
mich segne,
ehe ich meinen Tag beginne.
Herr,
laß deine Augen eine Weile ruhen
auf meinen Augen.
Herr,
laß mich das Wissen um deine
Freundschaft mitnehmen
in meinen Alltag.
Herr,
fülle meine Seele
mit deiner Musik,
mit deinem Frieden,
mit deiner Freude.
Herr,
begleite mich durch den Lärm
des Tages;
laß den Sonnenschein deiner Liebe die
Gipfel meiner Gedanken küssen.
Herr,
laß im Tal meiner Mühen
meine Ernte reifen.
(Nach Rabindranath Tagore/Indien)

Unser Büchertip

Weitere Publikationen von Adalbert Ludwig Balling, erschienen in den Verlagen: Mariannhill Würzburg, 8861 Reimlingen, Butzon & Bercker Kevelaer, Morus Berlin, St. Gabriel Mödling und St. Augustin, Herder Freiburg und Bernward Hildesheim.

Mission und Biographie

»Ein Herz für die Schwarzen«, illustriert, kt. 130 S.
»Sie standen am Ufer der Zeit«, Märchen und Mythen aus Afrika südlich der Sahara, 336 S., illustriert, Ln.
»Unseren täglichen Reis gib uns heute«, Gebete aus der Dritten Welt, kt.
»Speichen am Rad der Zeit«, 160 S., kt. (Pater Unzeitig/ Priester im KZ Dachau)
»Weisheiten aus Schwarzafrika«, 128 S., kt.
»Der Trommler Gottes«, Franz Pfanner, 350 S., kt.
»Für wen gehst du?« (Ordensleute berichten), 190 S., kt., 2. Auflage

Meditation/Gebet/Betrachtung

»Liebe macht keinen Lärm«, 128 S., kt., 4. Auflage
»Ich bin mein bestes Stück«, 112 S., kt.
»Gottes Haustür steht immer offen«, 128 S., kt., 2. Auflage
»Wo das Glück zu Hause ist«, 96 S., Fotos, kt., 7. Auflage
»Lieber Gott, du bist prima«, 128 S., kt.
»Nimm die Freude mit . . .« (Medit. Texte und Fotos), 72 S., geb.
»In Gottes Hand geschrieben«, 128 S., kt.
»Das Leben lieben lernen«, Augenblicke der Besinnung, 112 S., kt., Sonderausgabe 1987
»Wenn die Freude Flügel hat«, Kurztexte und Fotos, 96 S., kt., 8. Auflage
»Morgen scheint die Sonne wieder«, Kurztexte und Fotos, 96 S., kt., 2. Auflage
»Schick deine Seele auf die Reise«, 178 S., kt.
»Gute Medizin gegen schlechte Laune«, 112 S., kt., Sonderausgabe 1987
»An die Sonne glauben . . .«, Bildband, 76 S.
»Liebe wärmt wie Sonnenschein«, 96 S., kt., 2. Auflage

Zum Nachdenken und Schmunzeln

»Heiter bis hintergründig«, 112 S., geb., illustriert, 3. Auflage
»Lachen reinigt die Zähne«, 96 S., geb., illustriert, 3. Auflage
»Zwischen den vier Meeren« (Sprichwörter), 96 S., 3. Auflage
»Tierischheiter – affenklug«, 96 S., geb., illustriert
»Gut getroffen«, 128 S., Anekdoten

Geschenkbändchen zu verschiedenen Anlässen

»Alle guten Wünsche wünsche ich Dir«, 40 S., kt., 13. Auflage
»Liebe ist (k)eine Hexerei«, 56 S., 8 Farbtafeln, 7. Auflage
»Dankeschön für Selbstverständliches«, kt., 9. Auflage
»Freude – eine Liebeserklärung an das Leben«, 7. Auflage

»Glücklich ist . . .«, 56 S., 6. Auflage
»Sende Sonnenschein und Regen«, 56 S., 5. Auflage
»Wo man dem Herzen folgt«, 56 S., kt., 5. Auflage
»Freut euch mit den Fröhlichen«, 56 S., 4. Auflage
»Das Glück wurde als Zwilling geboren«, 56 S., 4. Auflage
»Bade deine Seele in Schweigen«, 56 S., 4. Auflage
»Schläft ein Lied in allen Dingen«, Die Welt ist schön, 64 S., kt., 3. Auflage
»Wo man verstanden wird«, Ein Lob auf die Freundschaft, 64 S., kt., 3. Auflage
»Die Stunde der Rose«, Geduld ist alles, 96 S., kt., illustr., 4. Auflage
»Alles Liebe und Gute«, 64 S., kt., 4. Auflage
»Winke den Sternen, wenn du traurig bist«, 96 S., kt., 2. Auflage
»Wo man Liebe sät, wächst Freude«, 80 S., kt., 3. Auflage
»Hab Sonne im Herzen«, 80 S., kt., 3. Auflage
»Wer hängt der Katze die Schelle um?«, 80 S., kt.
»Und versuche gut zu sein«, 80 S., kt., 3. Auflage
»Bäume – Freunde der Menschen«, 96 S., kt., 2. Auflage
»Ein freundliches Lächeln . . .«, 72 S., kt., 2. Auflage
»Die Weisheit der Humorvollen«, 72 S., kt., 2. Auflage
»Gott ist die Heimat der Menschen«, 80 S., kt., 2. Auflage
»Mit Gott riskiert man alles«, 80 S., kt., 3. Auflage
»Kinder – Träume und Geheimnisse Gottes«, 64 S., kt., 2. Auflage
»Wer liebt, kann nie ganz traurig sein«, 80 S., kt., 2. Auflage
»Wo sich die Liebe freut«, 80 S., kt., 2. Auflage
»Ein Brunnen in der Wüste«, 80 S., kt., 2. Auflage
»Wer lobt, vergißt zu klagen«, 64 S., kt.
»Wissen, was dem andern weh tut«, 80 S., kt.
»Das Brot der Liebe brechen«, 80 S., kt.
»Allein das Gute zählt«, 80 S., kt.